Reise durch die

PROVENCE

Bilder von
Martin Schulte-Kellinghaus
und Erich Spiegelhalter

Texte von
Markus Wennerhold und
Martin Schulte-Kellinghaus

Stürtz Verlag Würzburg

INHALT

Vorherige Seite:
Ein Wahrzeichen der Provence: Der Aquädukt Pont du Gard wurde unter Kaiser Augustus als Teil einer 50 Kilometer langen Wasserleitung zum nahe gelegenen Nîmes errichtet – mit 275 Meter Länge der größte seiner Zeit.

Unten:
Viehzucht hat in den Ebenen der Camargue, der Landschaft am Rhônedelta, eine lange Tradition.

Nächste Seite:
Abendstimmung über Eze, dem mittelalterlichen Felsennest an der Côte d'Azur; im Hintergrund der Badeort Eze-sur-Mer.

LAND, IN DAS JEDE

Im Süden des Vaucluse-Hochlands liegt das pittoreske Städtchen Gordes. Dank der engagierten Aufbauarbeit eines Künstlerkreises lassen seine idyllischen Winkel nichts mehr von den schweren Zerstörungen ahnen, die der Ort im Zweiten Weltkrieg erleiden musste.

»Glänzende gelbe Sonnen« waren es, von denen Vincent van Gogh zu Beginn seines zweijährigen Aufenthalts in der Provence fasziniert schrieb. Sein Kollege Claude Monet schwärmte gar: »Man müsste hier mit Gold und Edelsteinen malen.« Doch nicht erst die Impressionisten des 19. Jahrhunderts empfanden den Zauber dieser Landschaft. »Nirgends ist die Welt so köstlich wie vom Meer bis zur Durance, von der Rhône bis nach Vence, nirgends strahlt die Lust so festlich.« So dichtete der Troubadour Peire Vidal bereits im 12. Jahrhundert. Kein Zweifel: Die Provence ist ein Faszinosum. Was aber macht ihren besonderen Reiz aus? Zunächst beeindruckt die vielgestaltige Landschaft: Das fruchtbare Tal der Rhône, die von duftenden Lavendelfeldern umgebenen Dörfer der Haute-Provence, die klaffenden Schluchten des Grand Cañon du Verdon oder die Camargue mit ihren weiten Ebenen – und über allem liegt das viel beschworene »Licht der Provence«. Und wenn auch der Fremdenverkehr vielerorts seinen Trubel entfaltet, so haben sich doch die Bewohner gerade der kleinen Orte nicht aus ihrem – langsameren – Lebenstakt bringen lassen. Beim allabendlichen Pétanque, der südfranzösischen Variante des Boulespiels, oder im kleinen Café am Dorfplatz werden dem hektischen Nordeuropäer Lektionen in Sachen südländisches Savoir-vivre erteilt. Ruhe und Gelassenheit strahlen auch die überall im Land verstreuten roma-

R HEIMKEHRT

nischen Kapellen aus, erhabene antike Bauwerke wie der berühmte Pont du Gard bei Nîmes oder das römische Monumentaltor vor Orange lassen die bewegte Geschichte der Provence lebendig werden.

DREHSCHEIBE DER VÖLKER UND KULTUREN

Knochenfunde mit einem Alter von bis zu einer Million Jahren zeigen die Provence als eines der ältesten Siedlungsgebiete in der Geschichte des Menschen. Ihre historische Zeit beginnt mit den schriftlichen Aufzeichnungen, die von den ab 600 v. Chr. aus dem kleinasiatischen Phokäa einwandernden Griechen überliefert sind. Die Hellenen gründen Massalia, das spätere Marseille, und entfalten in zunächst friedlicher Koexistenz mit den einheimischen Keltoligurern eine rege Handelstätigkeit. Im 2. Jahrhundert v. Chr. gerät Massalia jedoch zunehmend unter Druck und muss Rom um Hilfe bitten. Die kommt auch prompt, ist jedoch alles andere als uneigennützig: Nachdem der zähe Widerstand der Gallier gebrochen ist, machen sich die Römer mehr und mehr in der Provence breit, die Vorherrschaft wird übernommen und 118 v. Chr. die Colonia Narbo (Narbonne) zur Hauptstadt der neuen römischen Provinz Gallia Narbonensis erhoben.

Mehr noch als die der Griechen prägt die römische Zivilisation das Land und seine Kultur; zahlreiche Städte wie Nemausus (Nîmes), Arausio (Orange) oder Avenio (Avignon) entstehen und werden mit prächtigen Theatern, Tempeln und Monumenten geschmückt. Aufgrund seiner glanzvollen Entwicklung wird das Land als mustergültige Provinz angesehen und deshalb bald schlicht Provincia genannt – der Name ist ihm bis heute erhalten geblieben. Die Blütezeit der »Pax Romana« dauert bis ins 3. Jahrhundert n. Chr., dann beginnt sich die zunehmende Schwäche Roms auch in den Randgebieten des Reichs bemerkbar zu machen. Der römische Anspruch ist nur noch nominell, als sich im 4. Jahrhundert Germanenstämme in Südfrankreich ansiedeln, die sich bald untereinander in die Haare geraten. Über hundert Jahre dauert das Gezerre von Vandalen, West- und Ostgoten um die Provence, bis schließlich 536 die Franken die Macht an sich reißen. Nach langen vergeblichen Bemühungen gelingt es 879 dem provenzalischen Adel, die fremde Herrschaft abzuschütteln, das erste Königreich Provence wird ausgerufen. In diesem selbstbewussten Vorgehen zeigt sich erstmals der kraftvolle Wille der Provenzalen zur Unabhängigkeit, der auch in den folgenden Jahrhunderten das politische Geschehen bestimmen wird. Als im 11. Jahrhundert die Provence unter die Oberhoheit des Heiligen Römischen Reichs Deutscher Nation gelangt, kann sie sich trotzdem als Grafschaft weitgehende Unabhängigkeit bewahren.

VOM RAUBRITTER ZUM TROUBADOUR

Im 12. Jahrhundert beginnt sich an den Höfen der Provence eine subtile ritterliche Kultur zu entwickeln, die im deutlichen Gegensatz zu den bisher üblichen eher rauen Sitten steht. Sie zeigt sich in verfeinerten Umgangsformen und findet ihren höchsten Ausdruck im neuen Genre der Troubadourlyrik: Die Sänger preisen in ihren Liedern die Schönheit der verehrten Dame, versprechen ihr ewigen Dienst und geloben stetige Treue; ihre Dichtung hat großen Einfluss vor allem auf den deutschen Minnesang, etwa den Walthers von der Vogelweide. Rasch werden die neuen vornehmen Gesellschaftsformen der Franzosen an den Höfen Europas zum eifrig nachgeahmten Vorbild.

Bald darauf wird die Provence allerdings Schauplatz eines eher barbarisch zu nennenden Geschehens: 1209 ruft der Papst zum Kreuzzug gegen die Albigenser auf, Christen, die besonders in Südfrankreich mit ihrem Aufruf zur Abkehr von der Welt und ihren Genüssen viele Anhänger, auch unter den Macht habenden Adligen, gefunden haben und in vielen Punkten gegen die kirchliche Doktrin verstoßen. Der König von Frankreich nutzt die Gelegenheit, um endlich die Unabhängigkeit der widersetzlichen Provence zu brechen und schickt mächtige Truppenverbände. Nach der Unterwerfung der wichtigsten Städte fällt das Gebiet westlich der Rhône 1246 an Karl von Anjou, den Bruder des französischen Königs.

Erneut ins Zentrum des europäischen Interesses rückt die Provence 1309, als Papst Clemens V. Avignon zu seiner Residenz wählt. Fast siebzig Jahre verbringen die Päpste im »Babylonischen Exil«, wie Dante sich ausdrückte, und bescheren der Stadt einen ungeahnten Höhenflug. Infolge ihrer Rück-

Durch die Berglandschaft der Haute-Provence windet sich der 170 Kilometer lange Verdon, hier am Ausgang der Gorges du Verdon. Ehemals ein reißender Gebirgsfluss, zähmen heute fünf Staudämme seinen Lauf.

kehr nach Rom 1376 verliert die Provence drastisch an politischer Bedeutung; 1482 gelangt sie endgültig an das französische Königreich. Da sich der zähe Unabhängigkeitswille der Südfranzosen jedoch noch immer zeigt, wird 1501 in Aix ein mit Nichtprovenzalen besetztes Parlament eingerichtet, das die Interessen der Krone vor Ort vertritt.

Während der Französischen Revolution stellt sich Marseille gegen das brutale Vorgehen des Konvents, unterliegt, und wird von Paris vorübergehend zur »Stadt ohne Namen« erklärt. Im 19. Jahrhundert gelingt ihr jedoch der Aufstieg als Handels- und Hafenstadt, insbesondere nach der Eröffnung des Suezkanals 1869 nimmt sie als wichtigster Seehafen des westlichen Mittelmeers eine führende Rolle unter den provenzalischen Städten ein. Ende des 19. und Anfang des 20. Jahrhunderts entdecken dann Reisende, allen voran die Engländer, zunächst die Côte d'Azur und schließlich auch das Binnenland der Provence als ideales Winterquartier. Inzwischen ist hier ganzjährig Saison und der von Wärme und mildem Licht verwöhnte Besucher kann sich nicht vorstellen, dass die Bewohner dieser Landschaft die letzten Jahrtausende irgend anders als in vollendetem Frieden verbracht haben.

DIE PROVENCE GEOGRAPHISCH – UND WIRKLICH

Eine exakte Gebietsbestimmung der Provence gibt es nicht. Natürlich, eine der 22 Regionen Frankreichs nennt sich Provence-Alpes-Côte d'Azur, doch deren Westgrenze ist die Rhône, und wer wollte etwa Nîmes, Saint-Gilles oder Aigues-Mortes außen vor lassen? Und dann die Nordgrenze: Folgt man der Rhône ab Lyon nach Süden, so beginnt die Provence nach dem Willen der Administration etwa 30 Kilometer südlich von Montélimar. Doch ist nicht erst »das Tor zur Provence der Triumphbogen von Orange« (Wolfgang Koeppen)? Oder stellt gar schon »Valence das Tor des Sonnenreiches« dar (René Schickele)? Hier scheiden sich die

Geister und man tut gut daran, Grenzen Grenzen sein zu lassen, und allein die Landschaft zu genießen.

Im Südwesten der Provence etwa breitet sich im Mündungsgebiet der Rhône die weite Fläche der Camargue aus. Der Fluss scheint es die letzten Kilometer zum Meer nicht sehr eilig zu haben, seine Fließgeschwindigkeit verlangsamt sich und er geht in die Breite, die Petit Rhône spaltet sich von der Grand Rhône ab und mäandert in großem Bogen gemächlich dem Meer entgegen. Zwischen den Flussarmen erstreckt sich eine sumpfige Ebene mit vielen flachen Brackwasserseen, der größte unter ihnen der Etang de Vaccarès, zahllose Kanäle durchziehen das schilfbestandene Land. Im Süden weiden die halbwilden Herden der berühmten weißen Camargue-Pferde und die kleinen schwarzen Stiere, die von den traditionellen berittenen Hirten, den Gardians, gehütet werden.

Im Osten und Nordosten der Camargue liegt die Ebene der Crau, die von den verkarsteten Alpilles in die südliche Große und die Kleine Crau nördlich des Höhenzugs unterteilt wird. In den schroffen Felsen der »kleinen Alpen« liegen die Überreste der griechisch-römischen Siedlung Glanum, des »Pompeji der Provence«, und die mittelalterliche Ruinenstadt Les Baux, zu deren Burg einst die Troubadoure von weit her kamen, um ihre Dichtungen vorzutragen. Einige Kilometer südwestlich wird Besuchern die Mühle Alphonse Daudets, eines der meistgelesenen Autoren des 19. Jahrhunderts, gezeigt, in der er seine bekannte Kurzgeschichtensammlung »Briefe aus meiner Mühle« verfasst haben soll. Doch zum einen schrieb Daudet die »Briefe« im fernen Paris, zum anderen weiß man gar nicht mehr, welche der unzähligen Mühlen der Gegend die des Dichters war, man suchte einfach die besterhaltene aus. Wegen der schönen Lage und des hier eingerichteten Daudet-Museums lohnt trotzdem ein Besuch.

Nördlich des Lubéron und der Vaucluse-Hochebene thront der von fast allen Gegenden der Provence aus zu sehende Mont Ventoux, mit seinen 1909 Metern die höchste Erhebung weit und breit. Bei klarem Wetter bietet sich von seinem Gipfel eine einmalige Sicht: Nach Süden reicht der Blick über Vaucluse und Lubéron bis zur Montagne Sainte-Victoire – hier errang 102 v. Chr. der römische Feldherr Marius den entscheidenden Sieg über die Teutonen, der namensge-

Auf dem Plateau Les Antiques bei Saint-Rémy-de-Provence: Links das ungewöhnlich gut erhaltene Juliermonument, errichtet zu Ehren der jung verstorbenen Enkel Kaiser Augustus', Caius und Lucius; daneben der römische Ehrenbogen, seine Reliefs zeigen gefangene Gallier.

bend auf den Berg wirkte –, im Südosten ist das Massif des Maures zu erkennen. In nordöstlicher Verlängerung dieses Gebirgszugs, in dem sich im 8. Jahrhundert n. Chr. die einfallenden Mauren festsetzten, erstreckt sich die Côte d'Azur: Nirgends ist die Provence schicker, schneller und mondäner. Seit in der Belle Époque Cannes, Nizza, Menton und das unabhängige Fürstentum Monaco von der europäischen Aristokratie als exklusive Urlaubsorte entdeckt wurden, trifft sich hier auch heute noch alles, was Rang, Namen und vor allem Geld hat. Die Einheimischen lässt das laute und turbulente Treiben freilich kalt, sie nennen es schlicht »kermesse côtière« – Küstenkirmes.

Das bergige Binnenland der Côte d'Azur mit seinen verträumten Dörfchen hat subtilere Reize zu bieten, doch auch mit Spektakulärem wartet es auf: etwa dem Grand Cañon du Verdon, wo sich der Fluss Verdon zwischen schroffen Felswänden von bis zu 1000 Metern Höhe windet – den tiefsten Schluchten Europas. Vom nahe gelegenen Moustiers-Sainte-Marie kann man den ausgedehnten Lavendelfeldern nach Nordwesten folgen, bei Sisteron ist dann die Nordgrenze der Provence erreicht. Der Region Provence, genauer gesagt – der Lavendel wächst auch noch weiter nördlich ...

DER MEISTER DER WINDE

Nicht immer zeigt sich die Provence südländisch mild: Besonders im Frühjahr erhebt sich oft unversehens ein schneidend kalter Nordwind, der Mistral, um in kurzer Zeit das Quecksilber um bis zu 15°C sinken zu lassen. Sein Name leitet sich vom lateinischen »magistralis« ab, und sein Wüten ist

Die Denkmäler des Plateaus Les Antiques waren der antiken Stadt Glanum vorgelagert, deren Ruinen heute auf einem großflächigen Ausgrabungsgelände erforscht werden. Teile eines römischen Tempels wurden rekonstruiert (links, Mitte), besonders wertvolle Fundstücke wie dieses aufwendige Kapitell (rechts) können in einem kleinen Museum besichtigt werden.

Die Welt ein großes Café: Straßenszene in der Altstadt von Nizza.

wahrhaft »meisterlich« – besonders im ebenen Tal der Rhône, wo schon einmal Autos und Brücken in Gefahr geraten. Aber auch in den bergigen Regionen entfaltet er seine eisige Macht. Nach dem Glauben der Provenzalen gehorcht der Mistral einem geheimnisvollen Gesetz: Legt er sich nicht am dritten Tag, so bläst er noch drei Tage weiter, flaut er dann nicht ab, so endet er erst nach drei weiteren Tagen. Sein Gegenstück ist der Schirokko, ein heißer Wind aus der Sahara, der das Land mit einem feinen Sandschleier überzieht.

Was man der Provence nicht leicht zutraut: Sie hat im Jahresdurchschnitt die größte Niederschlagsmenge aller französischen Landschaften; der meiste Regen geht allerdings in heftigen Schauern innerhalb weniger Wochen im Frühjahr nieder, so dass noch ausreichend Zeit für rund 2800 Sonnenstunden bleibt – Paris bringt es nur auf etwas über die Hälfte.

Dieses sonnig-mediterrane Klima der Provence lässt eine sehr artenreiche Pflanzenwelt gedeihen: Berühmt sind die überall wild wachsenden »Kräuter der Provence«, weite Flächen der verkarsteten Anhöhen sind von der Garrigue überzogen, einem duftenden Gestrüpp immergrüner Sträucher wie dem Ginster und der Zistrose, aus dem sich hier und da Steineiche, Erdbeerbaum und verschiedene Kiefernarten erheben. Viele der für die Provence heute typischen Gewächse sind übrigens Importe, so wurden Weinstock und Ölbaum hier erstmals von den Griechen kultiviert, sonnenhungrige Engländer führten Pflanzen aus allen Teilen der Welt ein, wie etwa Palme, Agave und Eukalyptusbaum. Ein einmaliges Erlebnis für Auge und Geruchssinn ist in Juli und August die Blüte des Lavendels, der auf ausgedehnten Feldern in der Haute-Provence angebaut wird; am intensivsten kann man rund um Puimoisson im Herzen der Hochebene in Duft und Farbe schwelgen.

Dem Artenreichtum der Flora steht die Fauna in nichts nach: Die bergigen Gebiete bevölkern verschiedenste Reptilien, wie Geckos, Eidechsen und meist ungefährliche Schlangen; ein Dorado für Vogelliebhaber ist die Camargue, wo mit etwas Glück außer einigen Reiherarten auch Flamingos beobachtet werden können. Die außergewöhnlich mannigfaltige Insektenwelt der Provence war das Objekt der Leidenschaft Jean Henri Fabres, des wohl berühmtesten

Insektenforschers des 19. Jahrhunderts. In einfachen Verhältnissen lebend, verwandte er fast sieben Jahrzehnte auf die Erforschung seiner kleinen Lieblinge und schrieb neben der Tätigkeit als Lehrer sein zehnbändiges Hauptwerk. Von ihm ließ sich unter anderen auch Charles Darwin anregen; 1915, im Alter von 92 Jahren, starb der»Homer der Insekten«.

VON NÎMES BIS NIZZA: DIE STÄDTE DER PROVENCE

Der westliche Vorposten der Provence ist Nîmes, noch auf dem Gebiet des Languedoc rund 20 Kilometer westlich der Rhône gelegen. Und welch ein Auftakt ist die Stadt: Vielfältige Hinterlassenschaften der Römer machen Nîmes zum »französischen Rom«, etwa die Maison Carrée oder das Amphitheater, die zu den besterhaltenen Römerbauten überhaupt zählen. Seit einigen Jahren weht der frische Wind der Moderne durch die geschichtsträchtigen Straßen – Plätze wurden neu gestaltet und etwa 1993 dem Augusteischen Tempel, der Maison Carrée, der vom britischen Stararchitekten Norman Foster entworfene Museumsbau Carré d'Art gegenübergestellt, ein bestechend funktionaler gläserner Kubus.

Einen deutlichen Kontrast zum betriebsamen Nîmes bietet das gemächlich-provinzielle Arles knapp 30 Kilometer südöstlich. Vom Glanz der einstigen Residenz Konstantins des Großen ist heute nicht mehr viel zu spüren, nur beim gut erhaltenen römischen Amphitheater oder vor dem mit prächtigem Skulpturenschmuck versehenen Portal der Kathedrale Saint-Trophime lässt sich etwas vom Ruhm früherer Zeiten erahnen.

Um von der Kaiser- zur ehemaligen Papstresidenz zu gelangen, folgt man der Rhône nach Norden. Schon bald ragen über dem Fluss die Türme Avignons auf, ganz von einer mächtigen Stadtmauer umschlossen, die im 14. Jahrhundert Schutz vor den das Land plagenden Räuberbanden der Grandes Compagnies bieten sollte. Ähnlich wehrhaft gibt sich das wichtigste Gebäude der Stadt, der Papstpalast, der mit seinen mächtigen zinnenbekränzten Mauern von außen mehr einer Festung als einer Residenz gleicht. Die verschiedenen zur Zeit der Päpste hier angesiedelten Kirchengrößen hinterließen Avignon einige prächtige Paläste, etwa die Livrée

Ceccano oder das herrschaftliche Renaissancepalais Roure, die noch heute das Stadtbild bestimmen. Das Wahrzeichen Avignons ist der aus dem Kinderlied »Sur le pont d'Avignon ...« jedem bekannte Pont Saint-Bénézet, der einst die beiden Arme der Rhône überspannte, heute jedoch bereits nach vier der ehemals 22 Brückenbögen mitten im Fluss abbricht.

Weitaus besser erhalten ist das römische Theater in Orange, dem ruhigen Städtchen 30 Kilometer nördlich, noch heute finden in seinem Halbrund Vorführungen statt. Beeindruckendes hinterließen die Römer auch mit dem Monumentaltor vor der Stadt, auf dessen Reliefs sie ihre kulturelle und militärische Überlegenheit verherrlichten.

DIE HEIMLICHE HAUPTSTADT

Zwischen Etang de Berre und Montagne Sainte-Victoire liegt im Süden Aix-en-Provence, laut Umfragen die beliebteste Stadt Frankreichs: Hätten sie die Möglichkeit, würden 80 Prozent der Franzosen ihren Wohnsitz hierher verlegen. Atmen Orange oder Nîmes ganz die Erhabenheit der Antike, so fühlt man sich hier in die Zeit des selbstbewussten Bürgertums der Belle Époque versetzt: Aufwendige Stadtpaläste und Bürgerhäuser, hochklassige Auslagen in den Schaufenstern und kultivierte Flaneure auf dem Cours Mirabeau, der Prachtstraße mit ihren Brunnen und Schatten spendenden Platanen im Zentrum der Stadt.

Südlich dieser »heimlichen Hauptstadt der Provence« liegt die offizielle Kapitale: Marseille. Statt nobler Muße erlebt man hier den hektischen Betrieb einer multikulturellen Millionenstadt mit dem größten Hafen Frankreichs. Von Provence-Reisenden wird Marseille oft gemieden, zu viel hat man von hoher Kriminalität und chaotischen Verkehrsverhältnissen gehört – doch wer sich auf sie einlässt, wird die Reize dieser widerspruchsvollen Stadt nicht leugnen können: Malerisch liegt sie zwischen Bergen an einer Bucht, die Kathedrale Notre-Dame-de-la-Garde mit der vergoldeten Madonna auf ihrer Turmspitze thront hoch über dem bunten Markttreiben des Alten Hafens. Und spätestens bei einer köstlichen Bouillabaisse, dem traditionellen Marseiller Fischgericht, fallen auch die letzten Vorbehalte.

Über dem Alten Hafen von Marseille erhebt sich die weithin sichtbare Wallfahrtskirche Notre-Dame-de-la-Garde, die berühmte vergoldete Madonna auf ihrer Turmspitze.

Ebenfalls eine bedeutende Hafenstadt, doch von völlig anderem Flair, ist Nizza, im Zentrum der Côte d'Azur. Die Stadt erlebte ihre große Zeit vor allem in den zwanziger Jahren, als hier begüterte Engländer und russische Aristokraten ihr Geld in den Spielbanken ließen. Auch heute noch lassen der Anblick der prunkvollen Nobelhotels, etwa des Negresco, oder ein Gang unter den Palmen der großzügig angelegten Strandpromenade einen Hauch der großen reichen Welt spüren. Doch auch in die Zukunft wird geblickt: Einige Kilometer westlich von Nizza entstand in den letzten Jahren der 2300 Hektar große Technologiepark Sophia Antipolis, der einst zum »Silicon Valley der Provence« gedeihen soll. Mancherorts gerät die industrielle Entwicklung indes zu einem ökologischen Problem, etwa bei Fos-sur-Mer am Etang de Berre, wo ein riesiger Komplex aus Hafenanlagen, Raffinerien und Schwerindustrie entstanden ist. Auch andernorts droht wirtschaftliches Kalkül über den Erhalt der natürlichen Räume gestellt zu werden. Seit einigen Jahren gibt es jedoch engagierte Initiativen, die sich mit Erfolg für den Schutz der einmaligen Landschaft der Provence einsetzen.

So kann man hoffen, dass auch noch in absehbarer Zeit der Ausspruch Gültigkeit haben wird, mit dem Jürgen von Hollander seine Zuneigung ausdrückte: »Provence: Land, in das jeder heimkehrt wie in ein immer geträumtes, an jedem lauten Tag wieder vergessenes Zuhause.«

Wenn es auch oft versucht wurde, der Zauber dieses Landes lässt sich nicht begründen und auch nicht erschöpfend schildern: Vincent van Gogh schuf während seines Aufenthalts in der Provence über 500 Gemälde und Zeichnungen. Bei seiner Abreise schrieb er, nach einem letzten Blick über die Landschaft: »Was alles hätte ich hier noch malen können …«

Seite 22/23:
Bei den Gorges de l'Ardèche, den »Schluchten der Ardèche«, schlängelt sich der Nebenfluss der Rhône in abenteuerlichen Kehren durch die Karstlandschaft.

DIE RHÔNE LEBENS

Die Stein gewordene Macht der Kirchenfürsten: Der trutzige Papstpalast in Avignon; links im Vordergrund die unvermittelt abbrechende Rhônebrücke.

Die offizielle Grenze zur Provence passiert die Rhône bei Bollène, doch manch einer wird bereits den Himmel über Valence, der traditionsreichen Bischofsstadt, oder über Montélimar als südlich-provenzalisch empfinden. Hier erstreckt sich linksrhônisch die Landschaft des Tricastin mit seinen verträumten romanischen Kapellen, wo bei Vaison-la-Romaine die Fundamente eines ausgedehnten römischen Forums freigelegt wurden. Römische Hinterlassenschaften finden sich auch im südwestlich gelegenen Orange mit seinem prächtig erhaltenen Theater und dem beeindruckenden Monumentaltor vor der Stadt. Ganz ins Mittelalter versetzt fühlt man sich hingegen vor dem trutzigen Papstpalast in Avignon, der wehrhaften Stadt westlich der Vaucluse-Hochebene.

Nîmes, gut 30 Kilometer im Westen, ist wieder ganz vom Geist der Antike erfüllt: Hier können mit dem Amphitheater und der Augusteischen Maison Carrée zwei der besterhaltenen römischen Bauten überhaupt bestaunt werden, der riesige Aquädukt Pont du Gard nordöstlich der Stadt ist nicht weniger imposant. Im Osten teilt der verkarstete Höhenzug der Alpilles die Ebene südlich von Avignon in die nördliche Kleine und die südliche Große Crau mit ihren zahllosen Obstplantagen.

Bei dem aus den Gemälden van Goghs bekannten Arles spaltet sich die Rhône in Petit und Grand Rhône, ihre Arme umschließen die von flachen Seen bedeckte Camargue, wo die berühmten kleinen schwarzen Stiere und die weißen Camargue-Pferde weiden. An der Mündung der Grand Rhône in den Golfe de Fos schafft der Schwemmsand des Flusses stetig neues Land, wohingegen sich das Meer bei der Mündung der Petit Rhône beständig dem Städtchen Les-Saintes-Maries-de-la-Mer nähert – so ist die Grenze der Provence im Süden ähnlich unsicher wie im Norden.

ADER DER PROVENCE

Unten, rechts:
Die Schluchten der Gorges de l'Ardèche im Westen der Provence bieten eine großartige Kulisse für Kanufahrten. Beliebtes Ziel ist der Pont d'Arc nahe Vallon, ein brückenähnliches Felsentor von über 60 Metern Breite.

Rechts:
Die Sorgue hat ihre Quellen bei Fontaine-de-Vaucluse, im westlichen Vaucluse-Hochland (oben). Kein Wunder, dass Petrarca die idyllische Gegend seine »liebste transalpinische Einsamkeit« nannte. Einige Kilometer weiter westlich umfließen die Arme der Sorgue das »Klein-Venedig der Provence«, L'Isle-sur-la-Sorgue (Mitte, unten). Einst trieb der Fluss hier über 70 Schaufelräder von Papier-, Getreide- und Ölmühlen an, nur einige wenige haben sich bis heute erhalten.

Das römische Theater in Orange, eines der schönsten und besterhaltenen Bauwerke der Antike, wurde in der Regierungszeit Kaiser Augustus' errichtet. Eine dreieinhalb Meter hohe Statue des Imperators, 1931 bei Ausgrabungen entdeckt, grüßt heute wieder wie einst von der Bühnenwand der Anlage.

Rechts:
Die halbkreisförmige Cavea wurde einen Hügel hinauf gebaut und bot rund 10 000 Besuchern Platz. Die Zuschauerstufen sind durch Absätze in drei Ränge unterteilt, je nach sozialer Stellung wurden die Plätze zugewiesen.

Oben:
Ähnlich berühmt wie das antike Theater ist das römische Monumentaltor etwas außerhalb von Orange. Es entstand in den Jahren 21 bis 26 und verherrlicht mit seinem reichen Figurenschmuck den Sieg der Römer über die Gallier.

Links:
Besonders imposant ist die 103 Meter lange und 38 Meter hohe Bühnenwand des römischen Theaters, die ursprünglich ganz mit Marmorplatten verkleidet war. Ludwig XIV. bezeichnete sie als die »schönste Mauer des Königreiches«.

Seite 30/31:
Die Burganlage von Les Baux in den Alpilles war einst Sitz der mächtigen Grafen gleichen Namens, im hohen Mittelalter kamen Troubadoure von weit her, um hier ihre Dichtkunst vorzutragen. 1426 starb das Adelsgeschlecht von Les Baux aus, im 17. Jahrhundert wurden Burg und Stadt zerstört.

Die kargen Böden und das mediterran-milde Klima der Provence bieten ideale Bedingungen für den Olivenbaum, der hier vor gut zweieinhalb Jahrtausenden von den Griechen eingeführt wurde. Ein Teil der Früchte wird im Herbst unreif-grün geerntet und eingelegt, die für die Ölherstellung bestimmten Oliven bleiben am Baum, bis sie im Dezember schwarz und voll ausgereift sind. Etwa 70 Ölmühlen arbeiten noch in der Provence, die meisten wenden das schonende Kaltpressverfahren an: Der Druck auf die gemahlenen Früchte wird während des ersten Pressvorgangs behutsam begrenzt, um keine schädliche Hitze entstehen zu lassen. Ergebnis ist das Huile d'Olive vierge, das »jungfräuliche Olivenöl«, aufgrund seines wunderbaren Fruchtaromas eine hoch geschätzte Delikatesse.

Links:
Besonders intensiv wird der Olivenanbau an den Südhängen der Alpilles betrieben, wie hier in der Nähe von Les Baux.

Seite 34/35:
Mit seinen zinnenbewehrten Türmen und Mauern gleicht der Papstpalast in Avignon mehr einer düsteren Festung als einer Residenz.

VON PÄPSTEN UND PRASSERN

Papst Clemens V. wählte 1309 Avignon zu seiner Residenz, seine Nachfolger ließen in mehreren Etappen bis Mitte des Jahrhunderts den mächtigen Palast errichten, dessen Äußeres vom ausgeprägten Sicherheitsbedürfnis seiner Bewohner zeugt: Die abweisende Wirkung der hoch aufragenden Front etwa wird durch ihre Spitzbogennischen und die beiden gotischen Türmchen über dem Eingangsportal kaum gemildert (unten). Bis 1376 residierten hier sieben Päpste, die in den Mauern des Palastes einen verschwenderischen Prunk entfalteten. Die einst opulente Inneneinrichtung fiel allerdings fast vollständig den Unbilden der Zeit zum Opfer: Bereits im 15. Jahrhundert durch einen Brand schwer verwüstet, entging das Gebäude während der Revolution

nur knapp dem Abriss und wurde vorübergehend als Gefängnis, seit 1818 als Kaserne benutzt. Letzteres wurde vor allem den kostbaren Fresken Matteo Giovanettis und Simone Martinis, die den verheerenden Brand überstanden hatten, zum Verhängnis: Die hier untergebrachten, wenig kunstsinnigen Soldaten klopften die Wandmalereien stückweise von der Wand, um sie als Souvenirs an Durchreisende zu verkaufen. Einige Fresken haben sich jedoch erhalten, von Giovanetti etwa die Prophetendarstellungen (rechts Mitte) im Großen Audienzsaal mit seinem kunstvollen Kreuzrippengewölbe (links) und die Deckenmalereien in der Kapelle Saint-Martial (rechts unten), in denen Begebenheiten aus dem Leben des Heiligen erzählt werden.

Die sonst recht kahlen Wände werden zum Teil von den Porträts der hier einst residierenden Päpste geschmückt (rechts oben Clemens V.).

DIE HAUPTSTADT DER CAMARGUE:

An der Gabelung der Rhône liegt im Norden der Camargue das gemächliche Arles, für viele der Inbegriff einer provenzalischen Stadt. Vorbei mit der Ruhe ist es am Osterwochenende, wenn mit der Feria Pascale die Stierkampfsaison eröffnet wird. Märkte, Musik und viel gutes Essen halten die Stadt die ganze Nacht auf den Beinen. Viel Trubel herrscht auch zur Fête des Gardians am 1. Mai, mit Vorführungen und Umzügen der berittenen Hirten der Camargue (rechts).

ARLES

Seite 40/41: *Auf zahlreichen Gemälden und Zeichnungen hielt Vincent van Gogh den Pont de l'Anglois in Arles fest. Die heute zu sehende Zugbrücke ist nur eine Nachbildung, was freilich ihrem Status als Weiheobjekt für Van-Gogh-Liebhaber keinen Abbruch tut.*

DAS LICHT DER

Von Claude Monet (1840 – 1926) stammt das berühmte Zitat: »Was für eine Sonne das hier ist, man müsste mit Gold und Edelsteinen malen«, und der erste Impressionist, der sich der Herausforderung stellte, die Landschaft im südlichen Licht zu malen, war Paul Cézanne (1839 – 1906). Er stammte aus Aix, nach Lehrjahren in Paris und Malaufenthalten im Sommer in L'Estaque bei Marseille, ließ er sich 1882 endgültig in Aix nieder. In Aix ist heute das Atelier von Cézanne zu besichtigen, die Atmosphäre dieses bescheidenen Hauses ist noch ganz vom Geist dieses seltsamen Eigenbrötlers erfüllt.

Auguste Renoir (1841 – 1919) besuchte häufig seinen Freund Cézanne in L'Estaque und Aix und zog 1903 endgültig nach Südfrankreich, weil er sich im milden Mittelmeerklima Linderung für sein Rheumaleiden erhoffte. Die Übersiedlung an die sonnige Küste wurde zum künstlerischen Ereignis, er hatte seine Landschaft gefunden. Die üppige Natur und der Kulturboden der klassischen Antike waren fortan für seine Malerei bestimmend. 1908 kaufte er bei Cagnes-sur-Mer ein Haus, umgeben von 1000-jährigen Olivenbäumen. Unermüdlich hat Renoir im Haus und im Olivenhain gemalt und als das Rheuma ihn fast bewegungsunfähig machte, ließ er sich den Pinsel an der verkrüppelten Hand festbinden.

Vincent van Gogh (1853 - 1890) kam im Februar 1888 aus Paris nach Arles und war begeistert von den Farben des Landes. Er geriet in einen Schaffensrausch, der in der Kunstgeschichte kaum seinesgleichen hat. Selbst unerträgliche Hitze oder Moskitos hinderten ihn nicht, in den Getreidefeldern zu arbeiten, wenn der Mistral zu heftig wurde, befestigte er die Staffelei mit Pflöcken im Boden. In den etwa 2 Jahren, die er sich im Süden aufhielt, sind über dreihundert Gemälde entstanden und mehr als zweihundertfünfzig Zeichnungen; diese nur, weil er kein Geld für Leinwand und Farbe hatte. Auf Einladung Vincent van Goghs kam 1888 Paul Gauguin (1848 – 1903) nach Arles. Sie arbeiteten einige Monate zusammen, doch die Freundschaft scheiterte schließlich. Auch in den 10 Monaten seines Aufenthaltes in der Nervenheilanstalt bei Saint-Rémy malte van Gogh ununterbrochen, fast jeden Tag ein Bild.

Die Epoche der großen Pioniere, die den touristisch unerschlossenen und unterschätzten Süden qualvoll erobert hatten, war mit Paul Signac (1863 – 1935) zu Ende gegangen. Der Süden gewann nun eine immer größere Attraktivität für die Maler, auf die Impressionisten folgten die Kubisten und die Surrealisten. Jeder von ihnen fand einen anderen Ort für sich, so wurden auch Cannes, Nizza, Saint-Paul und Vence durch Maler entdeckt.

Im Herbst und Winter 1946/47 stellte man große Teile des Grimaldi-Schlosses von Antibes Pablo Picasso (1881 – 1973) zur Ver-

Links, rechts oben: *Von 1888 bis 1890 hielt sich Vincent van Gogh, unten sein »Selbstbildnis mit gelbem Strohhut«, in der Provence auf, über 500 Werke entstanden hier. Unter ihnen der bekannte »Pont de l'Anglois in Arles mit Wäscherinnen« vom März 1888 (ganz links) und das im gleichen Jahr geschaffene Werk »Terrasse des Cafés an der Place du Forum in Arles am Abend« (rechts oben).*

Unten:
Am Massiv der Montagne Sainte-Victoire versuchte sich Paul Cézanne in über 60 Bildern, hier ein Werk aus der Zeit um 1896/98.

Rechts unten:
Auch Henri Matisse machte die Provence zu seiner Wahlheimat, lange Jahre lebte er in Nizza, wo er 1954 starb. Unten ein Selbstbildnis von 1918.

fügung, der damals an der Côte d'Azur lebte. Was er in dieser kurzen Zeit seines langen Malerlebens in diesem riesengroßen Atelier schuf, ist hier zu sehen. In dem mittelalterlichen Schloss mit einem herrlichen Meerblick verbrachte der Künstler seine beste Zeit an der Côte d'Azur. Die damals geschaffenen Werke sind auf Wunsch Picassos an Ort und Stelle geblieben – eine großartige Sammlung von Gemälden, Keramiken, Zeichnungen, Lithographien. Das Picasso-Museum in Antibes ist wohl das schönste Museum an der Küste.

Im Hinterland von Cannes und Antibes liegt das Töpferdorf Biot, ein uraltes Zentrum der Keramik. Diesem Ort verhalf Fernand Léger (1881 - 1955) zu neuem Leben. Der Künstler ließ hier ein Museum für seine Werke errichten, seine Witwe schenkte es 1967 dem französischen Staat. Das »Musée National Fernand Léger« zeigt heute nahezu das Gesamtwerk des Künstlers aus 50 Jahren Schaffenskraft.

In den Amphitheatern von Arles (rechts) und Nîmes wird bis heute der Stierkampf in seiner für das Tier in der Regel tödlichen Form der spanischen Corrida aufgeführt. Der Toréro steht hierbei ganz im Mittelpunkt: Mit Eleganz, Mut und Gewandtheit kann der Stierkämpfer die Herzen des Publikums erobern und zum wahren Volkshelden aufsteigen. Eine wichtigere Rolle spielen die Stiere in einer provenzalischen Variante des Kampfes, der Course Camarguaise, die vor allem in kleineren Städten ausgeübt wird. Hier versuchen zehn weiß gekleidete Razeteurs dem Stier die Cocarde, einen Kopfschmuck, zu entreißen, die zwischen seinen Hörnern befestigt ist. Die Tiere bleiben am Leben. Sie treten oft mehrere Jahre in Folge auf und erfreuen sich zum Teil regelrechter Fanclubs – zwei besonders kühnen Stieren wurden in Beaucaire sogar Denkmäler gesetzt.

Rechts unten:
Der strahlende Sieger präsentiert stolz seine Trophäe: die abgeschnittenen Ohren des Stiers.

ROT LEUCHTENDE WUNDEN

Nördlich des Lubéron-Gebirges wurde in den Ockerbrüchen von Rustrel (unten) und Roussillon bereits in der Steinzeit der begehrte Farbstoff abgebaut, wie kolorierte Höhlenmalereien zeigen; römische Damen schätzten den roten Schimmer, den er ihren Wangen und Lippen verlieh. Ihren Höhepunkt erreichte die Förderung über Tage und in Stollen 1929, als hier 40 000 Tonnen Sandstein abgebaut wurden und Roussillon als Welthauptstadt des Ockers galt. Wenig später machte die chemische Industrie die traditionelle Gewinnung jedoch unrentabel. Es blieb eine Landschaft von fremdartiger Schönheit, deren Farbspektrum von hellem Safrangelb und feurigem Karmesin bis zu sattem Violett reicht. Regen hat das weiche Gestein stellenweise in Form von hoch aufragenden Säulen ausgewaschen und bizarre Felsformationen entstehen lassen. In den umliegenden Städten

DER ERDE

wird der Ocker heute wie eh und je zum Tünchen der Häuser verwandt, wodurch Roussillon seinen Namen noch immer zu Recht trägt: er entstand aus lateinisch vicus russulus – rotes Dorf.

Oben links:
Die Römer haben der Provence eine Vielzahl beeindruckender Bauten hinterlassen, das markanteste unter ihnen wohl der Pont du Gard. Die 50 Kilometer lange Wasserleitung nach Nîmes, als deren Teil der Aquädukt 19 v.Chr. errichtet wurde, nutzte ein Gefälle von lediglich 17 Metern – pro Kilometer also gerade einmal 34 Zentimeter. Angesichts solcher Ingenieurleistungen wird klar, wie Plinius behaupten konnte, es gäbe in der Welt »nichts Wunderbareres« als die römische Wasserversorgung.

Oben rechts und unten links:
Das beeindruckende Können römischer Architekten kann auch in Vaison-la-Romaine bewundert werden, wo die exzellente Akustik des Theaters noch heute die Besucher in Staunen versetzt. Links: ein römisches Akroterion, ein Gebäudeschmuck, in Form eines Gorgonenhauptes im Museum von Vaison.

Rechts:
Besonders zahlreich sind die Zeugen der Römerzeit in Nîmes, mit seiner Hauptsehenswürdigkeit, dem Amphitheater aus dem 1. Jahrhundert n.Chr. 131 Meter in der Längs- und 101 Meter in der Querachse messend, konnte seine Cavea gut 21 000 Zuschauer fassen.

Rechts:
Die Maison Carrée in Nîmes vertritt das Idealmuster des römischen Podiumtempels. Im 1. Jahrhundert n.Chr. zu Ehren der Enkel Kaiser Augustus' erbaut, verdankt sie ihren hervorragenden Erhaltungszustand ihrer durchgängigen Nutzung: Im Mittelalter diente sie als Kirche, später gar als Pferdestall. Heute beherbergt sie ein Museum.

Château Grignan, zwischen Orange und Montélimar gelegen, wird auch das »kleine Versailles der Provence« genannt. Das Renaissanceschloss, von dessen Terrasse sich ein einmaliger Blick auf Dorf und Umgebung bietet, ließ François de Castellane-Adhémar Mitte des 16. Jahrhunderts errichten. Berühmt wurde es durch die Marquise de Sévigné (1626-96): Sie führte mit ihrer hier residierenden Tochter einen regen Briefwechsel, der aufgrund seiner zeitgeschichtlichen Details später große Beachtung fand, und war oft zu Besuch. Nach schweren Zerstörungen während der Revolution wurde das Anwesen Anfang dieses Jahrhunderts originalgetreu wieder aufgebaut und mit kostbaren alten Möbeln ausgestattet – auch das Gemach der Marquise de Sévigné kann besichtigt werden (rechts).

Seite 52/53:
Dämmerung über der weiten Ebene der Camargue. Während der Norden des Sumpfgebiets trockengelegt ist und intensiv landwirtschaftlich genutzt wird, wurde der südliche, von zahllosen Brackwasserseen und Kanälen bedeckte Teil zum Naturpark erklärt.

Einmal im Jahr, Ende Mai, ist das sonst eher ruhig-beschauliche Fischerdorf Les-Saintes-Maries-de-la-Mer im Süden der Camargue der turbulente Mittelpunkt eines bunten Spektakels: der Zigeunerwallfahrt zu den Reliquien der heiligen Marien Jakobäa und Salomé sowie deren dunkelhäutigen Dienerin Sarah, die in der Wallfahrtskirche des Ortes aufbewahrt werden. Die Schwarze Sarah wird von den Zigeunern als Schutzpatronin verehrt, in ihr sehen sie ihre Vorfahrin. In einer aufwendigen Prozession, umlagert von großen Touristenscharen, werden die Statuen der Heiligen zum Meer getragen, die Gardians auf ihren weißen Pferden stehen dabei Spalier (unten).

Schon Tage vorher treffen von überall her die Zigeuner ein, Musik und Tanz erfüllen die Straßen der Stadt. Viele Familien kommen jedes Jahr, so manches Wiedersehen wird gefeiert.

ZIGEUNERWALLFA

Zigeuner aus aller Welt, Gitanos aus Spanien, Roma aus Südeuropa, Manouche aus Südfrankreich, kommen zur Wallfahrt nach Les-Saintes-Maries-de-la-Mer und meist reisen sie schon einige Tage vorher an. In der Woche vor dem 24. Mai entsteht rings um das Dorf eine Wagenburg. Viele kommen regelmäßig zur Wallfahrt, jedes Jahr an denselben Stellplatz, jedes Jahr mit denselben Nachbarn. Dies ist oft die einzige Möglichkeit, die ganze Familie zu treffen oder Freunde wieder zu sehen, und eine ganze Woche wird zusammen gefeiert, gesungen, musiziert und getanzt.

Die Legende berichtet, dass um das Jahr 40 n. Chr., im Zuge der Christenverfolgung in Palästina, ein kleines Boot ausgesetzt wurde, weder mit Segeln oder Ruder, noch mit Proviant ausgestattet, aber durch ein Wunder landete es in Südfrankreich im Rhônedelta. An Bord waren der wieder erweckte Lazarus, seine Schwestern Magdalena und Martha, Maximin und Sidonius sowie Maria Jakobäa, die Tante von Jesus, Maria Salomé, die Mutter der Apostel Johannes

Links:
Die Statuen der beiden Marien werden in einer Barke an den Strand getragen, eine Erinnerung an ihre Ankunft in einem Schiff.

Oben, links oben:
In einer bunten Prozession wird die Statue der Schwarzen Sarah zum Meer getragen, umhüllt von einer dicken Lage kostbarer Seidenmäntel.

HRT IN DIE CAMARGUE

und Jakobus, und die dunkelhäutige Dienerin Sarah. Maria Jakobäa, Maria Salomé und Sarah ließen sich am Ort ihrer Landung nieder und bekehrten die hiesige Bevölkerung zum christlichen Glauben. So macht die Legende Menschen zu den ersten Missionaren der Provence, die Jesus noch erlebt hatten.

Im Jahre 1448 erschien dem provenzalischen König René im Traum ein Engel und wies ihm den Weg zu den verschollenen Reliquien. Bei Grabungen unter der Kirche entströmte ein »Wohlgeruch süß duftender Körper« und genau dort fand man die Überreste der drei Heiligen. Die Gebeine wurden in Reliquiare gebettet und die Festtage der beiden Marien entwickelten sich zu großen Wallfahrten. Die Verehrung der schwarzen Sarah durch die Zigeuner begann jedoch erst zu Beginn des 20. Jahrhunderts. Zunächst war die Zigeunerwallfahrt nur ein lokales Ereignis und wurde erst in den fünfziger Jahren weltberühmt.

Les-Saintes-Maries-de-la-Mer war bereits in vorchristlicher Zeit ein Kultplatz. Schon die Kelten verehrten hier Matronae, Muttergottheiten. Diese Frauen wurden immer zu dritt und in reifem Alter dargestellt. Ihr Schutz galt Kindern und Frauen und sie spendeten Segen und Fruchtbarkeit. Die Römer nannten sie Junones und ein ihnen gewidmeter Altar fand sich in der Krypta der Kirche. Das erste christliche Heiligtum entstand vermutlich im 5. oder 6. Jahrhundert und war ursprünglich der »Notre-Dame-de-la-Mer«, der »Jungfrau vom Meer«, gewidmet, hinter der sich die griechische Göttin Aphrodite verbirgt. So wird vermutet, dass die Wallfahrten nach Les-Saintes-Maries-de-la-Mer auf einen sehr alten Fruchtbarkeitskult zurückgehen.

Der 24. Mai ist der höchste Feiertag für alle Zigeuner, der Tag der heiligen Sarah, der Schutzpatronin des fahrenden Volkes. Am frühen Nachmittag werden in der alten Wehrkirche die Reliquienschreine mit den Gebeinen der heiligen Marien aus einer kleinen Kapelle über dem Altar in den Kirchenraum herabgelassen. Im Anschluss tragen die Wallfahrer die Statue der hl. Sarah, die das Jahr über in der Krypta untergebracht ist, zum Strand. Die Statue ist in viele Lagen von Kleidern gehüllt, Kinder werden hochgehoben, um den Saum des Kleides zu berühren und so den Schutz der Heiligen zu erlangen. Geleitet von den Gardians auf ihren weißen Pferden schwankt die Statue in Richtung Meer. Die Träger in ihren weißen Kutten stammen immer aus den selben Zigeunerfamilien und es gilt als große Ehre, die Heilige zu tragen.

Am 25. Mai, dem Fest der hl. Maria Jakobäa - der Tag der hl. Maria Salomé ist der 22. Oktober - wird die Barke mit den beiden Marien bis ins Meer getragen. Der Bischof segnet von einem traditionellen Fischerboot aus das Meer, das Land, die Wallfahrer und die Zigeuner. Die Prozession kehrt zur Kirche zurück und die Reliquien werden wieder an ihren Platz über dem Altar zurückgebracht. Die Zigeuner brechen ihre Wagenburg ab, und schon am Abend sind die meisten von ihnen bereits in alle Himmelsrichtungen aufgebrochen, mit der Gewissheit, dass sie sich im nächsten Jahr wieder in Les-Saintes-Maries-de-la-Mer treffen werden.

Rechts oben:
Die Statue der Schwarzen Sarah wird in der Krypta der Wallfahrtskirche von Les-Saintes-Maries-de-la-Mer aufbewahrt.

Rechts:
Die Wallfahrtskirche auf einer Postkarte von 1914. Zum Schutz vor Angriffen vom Meer aus wurde sie als trutzige Wehrkirche erbaut.

Links:
Auf der Höhe der Alpilles liegt über dem Ufer der Rhône die Burg von Tarascon. Vollendet 1449 vom letzten Souverän der Provence, René dem Guten, widerstand der massive Bau stets allen Belagerungen – selbst dem Bombardement der Alliierten 1944.

Links unten:
Die Ruinen eines Erweiterungsbaus der Abtei Montmajour nahe Arles. Das Kloster war im Mittelalter eines der mächtigsten Südfrankreichs, als sein Abt jedoch 1786 einer Affäre mit der Königin beschuldigt wurde, schloss es Ludwig XVI. kurzerhand.

Unten:
Aigues-Mortes mit seiner mächtigen Stadtmauer wurde Mitte des 13. Jahrhunderts von Ludwig IX. an der Mündung der Petit Rhône als Kreuzzugsstützpunkt erbaut. Als der Hafen einige Jahrzehnte später versandete, wurde die Stadt bedeutungslos.

Rechts:
Diese Mühle bei Arles wird als diejenige verehrt, in der Alphonse Daudet seine bekannten »Briefe aus meiner Mühle« verfasst haben soll. Ein doppelter Schwindel: Er schrieb die »Briefe« in Paris, die seine war eine andere, weniger gut erhaltene Mühle.

EINE WELT FÜR SICH

Das Zisterzienserkloster Sénanque, im Süden des Vaucluse-Hochlands gelegen, wurde 1148 gemäß den Ordensregeln in einer einsamen Gegend gegründet, auf deren Unwirtlichkeit bereits der Name, von lateinisch sine aqua – ohne Wasser, hinweist. Im hohen Mittelalter prosperierte die Gemeinschaft, ein Tochterkloster wurde gegründet. Nach der Schließung 1791 infolge der Revolution lebten von 1834 bis 1969 Zisterzienser in der Abtei, danach diente sie zwei Jahrzehnte lang als Kulturzentrum. Seit 1988 beten und arbeiten hier wieder Mönche.

Oben links:
Das Kloster von Sénanque führt in seiner Abgeschiedenheit und der Schlichtheit des aus einfachen geometrischen Körpern zusammengesetzten Gebäudes den Grundsatz der Zisterzienser vor Augen, fern von Lärm und Prunk der Welt ein demütiges, gottgefälliges Leben zu führen.

Links, oben rechts:
Auch der Blick vom Garten auf das schmucklose Gebäude zeigt, wie sich die Zisterzienser der Armut und Anspruchslosigkeit des frühen Christentums verpflichtet fühlten.
Die recht einfachen Verzierungen an den Kapitellen des Kreuzganggewölbes (oben) sind für ein Zisterzienserkloster schon ungewöhnlich aufwendig.

SONNE, FELS, LAVENDELDUFT: DI

Simiane-la-Rotonde, errichtet auf einem 600 Meter hohen Felssporn, ist eines der für die Haute-Provence typischen Bergdörfer. Namensgebend wirkte die Rotunde auf dem Gipfel des Felsens, der Rest einer mittelalterlichen Burganlage.

Die bergigen Regionen im Norden und Osten der Provence gehören mit ihren idyllischen Dörfern und endlosen Lavendelfeldern zu den landschaftlich schönsten Gebieten Südfrankreichs. Ihr höchster Punkt ist der kahle Gipfel des Mont Ventoux, des »Fudschijama der Provence«, wie ihn François Nourissier nannte; er liegt 1909 Meter über dem Meeresspiegel. Im Süden erhebt sich jenseits der Vaucluse-Hochebene der Höhenzug des Lubéron-Gebirges, westlich der Schlucht Combe de Lourmarin liegt der Kleine Lubéron, auf der anderen Seite ragen die Gipfel des Großen Lubéron bis in 1100 Meter Höhe auf.

An seiner Ostflanke liegt Manosque mit seinem reizvollen Labyrinth mittelalterlicher Gassen im fruchtbaren Tal der Durance. Folgt man deren Lauf nach Norden, so gelangt man vorbei an den Ausläufern des Plateau de Valensole zu einem der schönsten romanischen Bauwerke der Provence, dem Priorat Ganagobie und seiner mit prächtigen Mosaiken geschmückten Klosterkirche. Als eindrucksvolle Kulisse dient dem Bau das Lure-Massiv im Nordwesten, wo der Gipfel des Signal de Lure bis auf 1826 Meter ansteigt.

Das wohl spektakulärste Naturschauspiel der Provence zeigt sich beim Grand Cañon du Verdon im Norden des Grand Plan de Canjuers. Bis zu 1000 Meter hoch sind hier die Wände der Kalksteinfelsen, zwischen denen sich der türkisblaue Verdon schlängelt, damit bilden sie die tiefsten Schluchten Europas. Flussaufwärts macht der Verdon einen Schwenk nach Norden und kreuzt die berühmte Route Napoléon: 1815 zog auf diesem Weg der abgedankte Kaiser nach seiner Landung bei Cannes über Castellane, Barrême und Sisteron in Richtung Paris; für die herrlichen landschaftlichen Reize dieses Teils der Haute-Provence dürfte Napoleon damals allerdings wenig Sinn gehabt haben.

E HAUTE-PROVENCE

Unten, rechts unten: *Der Mont Ventoux, unten der Gipfel, rechts unten ein Blick vom Dorf Bédoin, ist mit seinen 1909 Metern die höchste Erhebung der Provence. Dies nutzen ein Observatorium, ein Fernsehsender und eine Radarstation, die auf dem kahlen Gipfel nicht gerade eine Augenweide darstellen. Bekannt geworden ist Petrarcas Wanderung zum Gipfel 1336, dort angelangt schlug der berühmte Humanist nach eigener Aussage blind die »Bekenntnisse« des Augustinus auf und las zu seiner Verwunderung: »Und es gehen die Menschen, zu bestaunen die Gipfel der Berge und die ungeheuren Fluten des Meeres ... und haben nicht acht ihrer selbst.« Erschüttert habe er den Rückweg angetreten, ohne noch einen Blick auf die Landschaft zu werfen.*

Rechts:
An den Westen des Mont Ventoux schließt sich das Kalkmassiv der Dentelles de Montmirail mit seinen durch Erosion abgeschliffenen Spitzen an.

Seite 66/67:
Vom Gipfel des Mont Ventoux reicht der Blick Richtung Osten weit über die Höhenzüge des Vaucluse-Hochlands.

Auf dem Trüffelmarkt in Rognes. Die Landschaft um den Mont Ventoux ist das ergiebigste Trüffelgebiet der Welt: Der kalkhaltige Boden und die hier verbreitete Steineiche, an deren Wurzeln der Pilz vornehmlich wächst, sorgen für ein reiches Gedeihen der hoch begehrten Erdfrucht. Gesucht wird meist mit Hunden, selten noch mit abgerichteten Schweinen. Fängt die Trüffelsau das Wühlen an, heißt es schnell zur Stelle sein, denn sonst verspeist der Finder den Leckerbissen selbst. Es wäre schade drum: Schließlich ist Trüffel eine der teuersten Delikatessen überhaupt – mit einem Kilopreis von bis zu 1000 DM.

Die Kalkfelsen der Montagne du Lubéron trennen östlich von Cavaillon die Täler von Durance und Coulon. In dieser Landschaft mit ihren bewaldeten Anhöhen, fruchtbaren Tälern und felsigen Bergkuppen hat man oft den Eindruck, sich im Hochgebirge zu befinden – tatsächlich steigen die Gipfel des östlichen Großen Lubéron nur auf 1100 Meter an, die des Kleinen Lubéron im Westen reichen bis in 700 Meter Höhe. Die malerisch gelegenen Dörfer der Landschaft erfreuen sich in den letzten Jahren besonderer Beliebtheit bei Künstlern und Intellektuellen, die von weit her kommen, um sich pittoreske Bauernhäuser als Zweitwohnsitze und Ateliers zu restaurieren.

Rechts:
Am Südhang des Lubéron liegt das Dorf Lourmarin; hier hatte sich Albert Camus kurze Zeit vor seinem tragischen Unfall niedergelassen.

Oben Mitte:
Vom einstigen Priorat Saint-Symphorien hat nur der Turm unbeschadet überdauert.

Oben:
Über dem verträumten Dörfchen Cucuron thront der Donjon einer verfallenen Burg.

Rechts, links oben, links Mitte:
Zwischen Großem und Kleinem Lubéron liegt umgeben von Kirschbäumen Bonnieux, eine der größeren Ortschaften der Region.

Links unten:
Wie hier im Lubéron finden sich in der Provence vereinzelt Bories, jahrhundertealte Steinhütten, die auf eine prähistorische Tradition zurückgehen.

Unten:
Im zauberhaft gelegenen Ansouis haben sich besonders viele Lubéron-Begeisterte einen Zweitwohnsitz eingerichtet.

Seite 74/75:
Les Pénitents de Mées, die Büßer von Mées, wird diese Felsformation im Norden der Haute-Provence genannt. Der Sage nach ließ der heilige Donatus hier eine Gruppe Mönche, die einigen leicht bekleideten Frauen nachgeblickt hatte, zur Strafe zu Stein erstarren.

Seite 76/77:
Lavendelfelder im Osten des Plateau de Valensole, im Hintergrund erheben sich die Ausläufer der Alpes de Provence.

Für die Bauern der Haute-Provence zwischen Durance und Küste ist der Lavendelanbau eine Haupteinnahmequelle; wichtige Abnehmer der Ernte sind Parfümhersteller, vor allem in Grasse. Am ausgedehntesten sind die im Hochsommer betörend duftenden Felder in der Umgebung der Ortschaft Valensole, im Herzen der gleichnamigen Hochebene. Hier wird auch der Lavendelhonig mit seinem unverwechselbaren Aroma angeboten.

LAVENDEL-DUFTSTOFF

Links, unten:
Für Duftwässer wird meist der feinere echte Lavendel verwendet, bei der Seifenherstellung bedient man sich des ergiebigeren Lavendelhybrids Lavandin.

Weite Flächen des Hochlandes sind durchzogen von den geometrischen Mustern der Lavendelfelder. Während der Blütezeit im Hochsommer aber entfalten sie sich zu blauvioletten bis dunkelblauen Teppichen. Im Juli gehören der Farbenrausch und die Duftorgien der blühenden Lavendelfelder zum Höhepunkt jeder Provence-Reise.

Die Hauptanbaugebiete des Lavendels liegen heute in der Drôme Provençale, dem Gebiet nordwestlich des Mont Ventoux, und vor allem in der Hochprovence auf den Plateaus von Vaucluse und Valensole. Der Lavendel ist eine der wertvollsten aromatischen Heilpflanzen, schon die Römer kannten seine wohltuende Wirkung. Das Wort Lavendel leitet sich vom lateinischen »lavare« (waschen) ab, Plinius der Ältere beschreibt, wie die Römer den Lavendel benutzen, um ihre Bäder vorzubereiten.

Der Lavendel ist eine Gattung von Lippenblütlern mit 26 verschiedenen Arten, die im Mittelmeerraum, auf den Kanarischen Inseln und im vorderen Orient vorkommen. Die bekanntesten Lavendelarten sind der »Echte Lavendel«, auch »Kleiner Speik« genannt, lateinisch »Lavandula angustifolia, Lavandula officinalis, Lavandula vera«, und der »Große Speik«, auch »Spiklavendel« oder »Narde« genannt, lateinisch »Lavandula latifolia«.

Die Pflanze des echten oder wilden Lavendels wird bis zu 30 cm hoch und gedeiht zwischen

UND HEILMITTEL

600 und 1400 Meter Höhe. In den 30er Jahren fand man durch Kreuzung von zwei Lavendelarten eine neue Art, den »Lavandin«, lateinisch »Lavandula angustifolia x latifolia«. Lavandin ist blütenreicher und damit viel ertragreicher als der echte Lavendel, sein Aroma ist zwar intensiver, aber nicht so fein und edel. Von einem Hektar echtem Lavendel erhält man etwa elf Kilogramm Blüten und daraus 100 Milliliter Essenz, welche heute vor allem für die Parfümherstellung verwendet wird. Von einem Hektar Lavandin erhält man etwa 60 Kilogramm Blüten und daraus etwa 1000 Milliliter Essenz, welche zur Produktion von Waschmitteln und Seifen verwendet wird. Seit den 30er Jahren nimmt der Lavandin den größten Teil der Anbauflächen der Provence ein. Aus der Provence kommen etwa 20% der Weltproduktion von Lavendel und 80% der Weltproduktion von Lavandin.

Rechts:
Oben: Destille bei Simiane-la-Rotonde; Pressen der Blüten in das Destillationsgefäß. Unten: Verschrauben des Gefäßes; nach dem Durchleiten von Wasserdampf und dem Kondensieren des Dampf-Öl-Gemisches wird das gewonnene Öl abgezogen und in Fässer gefüllt.

Zwischen Ende Juli und Anfang August wird der Lavendel geerntet. Die abgeschnittenen Blüten werden zunächst einige Tage getrocknet, bevor sie in die Destille gebracht werden. Auf den Hochplateaus in der Umgebung der Ortschaften Sault und Valensole werden noch viele Destillen betrieben. Sie stehen am Rand der Felder, dort, wo ein Wasserlauf oder eine Quelle genügend Wasser für die Kühlung der Destillationsanlage liefert. Die Blüten werden in das Destillationsgefäß gepresst, dann wird der Deckel zugeschraubt und heißer Wasserdampf, der die Aromastoffe herauslöst, hindurchgeleitet. Im Kühler kondensiert das Gemisch, Wasser und die ätherischen Öle trennen sich, das leichtere Lavendelöl kann abgezogen werden. Nach diesem Verfahren der Wasserdampfdestillation arbeiten die Lavendelbauern schon seit vielen 100 Jahren. Der Destillationsapparat heißt im Französischen »Alambic«, ein arabisches Wort - arabische Chemiker haben vor 1000 Jahren dieses Verfahren entwickelt und die ersten Destillationsapparaturen wurden von syrischen Glasbläsern angefertigt.

Abgesehen von seiner Verwendung als Duftstoff wird Lavendel seit langem als Heilmittel verwendet. Der Lavendel wirkt schmerzstillend, krampflösend, antiseptisch, beruhigend, abführend, er hilft gegen Rheuma, Migräne, Bronchitis ... und vieles mehr. Der römische Naturforscher Plinius rühmte schon seine Qualitäten, Hildegard von Bingen führte Lavendel in der Augenheilkunde und zur Vertreibung von Ungeziefer ein. Im Mittelalter glaubte man, das Einatmen der Dämpfe schütze vor Krankheiten. Sebastian Kneipp lobte den Gebrauch von Lavendelöl gegen schlechte Verdauung mit fauligen Gärungen.

Auch in der Küche kommt Lavendel zur Anwendung. Essig oder Öl lassen sich durch Einlegen eines Lavendelzweiges veredeln, und ein provenzalischer Lammbraten erhält ein ganz spezielles Aroma durch einen frischen Lavendelzweig. Und eine besondere Spezialität ist der Lavendelhonig, der in der Hochprovence überall von den Bauern angeboten wird.

EIN STRAHLENDES SIEGES

MONUMENT

Einige Kilometer östlich von Aix-en-Provence ragt das leuchtend weiße Kalkmassiv der Montagne Sainte-Victoire in den Himmel, bekannt von zahlreichen Gemälden und Aquarellen Paul Cézannes. Auf seinem Gipfel erhebt sich in 1010 Metern Höhe ein riesiges Gipfelkreuz, die Croix de la Provence (ganz oben, oben). Seinen Namen erhielt der Berg, als auf der Ebene am Fuß des Südhangs der römische Feldherr Marius 102 v.Chr. den entscheidenden Sieg über die Teutonen errang – Marius ist bis heute in der Provence ein beliebter Jungenname.

Seite 84/85: *Knapp 20 Kilometer westlich von Grasse liegt das Bergdorf Mons. Es wurde Mitte des 13. Jahrhunderts von Einwanderern aus Ligurien gegründet, bis heute sind die italienischen Wurzeln im örtlichen Dialekt hörbar.*

Zwischen Castellane und dem Stausee Lac de Sainte-Croix bietet sich im Süden der Haute-Provence ein grandioses Naturschauspiel: Über eine Strecke von 21 Kilometern zieht sich die Schlucht des Grand Cañon du Verdon hin, die Felswände fallen hier bis zu 1000 Meter zum in der Tiefe fließenden Verdon ab und stellen damit die tiefsten Schluchten Europas dar.

Der im Gegensatz zu seinem amerikanischen Pendant von üppiger Vegetation umgebene Grand Cañon du Verdon ist ein wahres Freizeitparadies: Wandernd lassen sich herrliche Aussichten in die klaffende Schlucht genießen, die umgekehrte Perspektive, vom Kanu aus, ist nicht weniger reizvoll.

Wagemutigere erproben ihre Kletterkünste an den schroffen Steilwänden und wer den ultimativen Adrenalinstoß will, stürzt sich am Bungeeseil vom Pont de l'Artuby 200 Meter in die Tiefe.

Ein Schäfer mit seiner Herde bei Trigance – ein häufiges Bild zwischen der Crau und den Seealpen. Auch heute noch wird der uralte Brauch der Transhumanz, des Wechsels der Weidegebiete mit den Jahreszeiten, praktiziert. Allerdings sieht man nur noch selten bunt geschmückte Schafe unter Schellengeläut über Land ziehen: Der Transport erfolgt heute meist per Lkw.

Rechts Mitte, unten:
Auf einem Bauernhof in der Nähe von Trigance stellt Madame Andier Ziegenkäse nach traditioneller Art her. In speziellen Formen setzt sich der Käsebruch von der Molke ab, der Rohkäse wird durch Salzen haltbar gemacht. Die Reifezeit dauert je nach Geschmack einige Tage bis Wochen, dann kann der Käse mit seinem köstlichen Aroma von wilden Kräutern genossen werden.

Unten:
Hoch über dem Ostufer des Lac de Sainte-Croix liegt das Bergnest Aiguines, überragt von der mittelalterlichen Kirche des Ortes und einem Renaissanceschloss, das sich bis heute in Privatbesitz befindet.

Ganz unten:
Der Lac de Sainte-Croix von Osten aus gesehen. Der 2500 Hektar große See entstand durch Aufstauung des Verdon – auf seinem Grund ruht noch eine römische Brücke, die einst den Verdon bei Aiguines überspannte.

Rechts:
In wildromantischer Lage drängen sich im Norden des Lac de Sainte-Croix die Häuser von Moustiers-Sainte-Marie vor einer Felswand. Die Schlucht hinter dem Ort wird von einer 227 Meter langen Kette überspannt, an der ein goldener Stern prangt. Ein Ritter soll sie im 13. Jahrhundert zum Dank für die Befreiung aus sarazenischer Gefangenschaft zu Ehren der heiligen Maria gestiftet haben.

Seite 92/93:
Ähnlich spektakulär wie Moustiers ist Sisteron gelegen, wo die nördliche Grenze der offiziellen Region Provence erreicht ist.

BELVEDERE

PROVENCE A LA MODE: D

Trotz seiner geringen Entfernung zu Nizza ist Villefranche-sur-Mer ein charmanter kleiner Ort geblieben; der italienisch anmutende Hafen zeigt die geographische Nähe zum Nachbarland, zu dem Villefranche bis 1860 gehörte.

Im Herzen der provenzalischen Küstenebene, westlich der hoch aufragenden Montagne Sainte-Victoire, liegt Aix, die »heimliche Hauptstadt der Provence«. 1501 richtete Ludwig XII. hier ein Parlament ein, das unter anderem die Steuern für die Region festsetzte und deshalb vom Volksmund bald neben dem Mistral und der wegen ihrer Überschwemmungen gefürchteten Durance zu den »drei Geißeln der Provence« gezählt wurde. In der Stadt mit dem ruhigen, großbürgerlichen Flair des 19. Jahrhunderts wohnen viele Angestellte aus Marseille, denen es dort zu laut und hektisch ist. In der Tat ist die Millionenstadt mit dem größten Hafen Frankreichs eine quirlige und vielfältige Metropole, deren herber Charme Harmonie liebende Gemüter leicht verschreckt.

Solchen wird sicher die Beschaulichkeit des ehemaligen Fischerdorfs Sanary-sur-Mer gut 20 Kilometer östlich behagen, das vor dem Zweiten Weltkrieg ein Sammelpunkt emigrierter deutscher Intellektueller war. Ebenfalls reizvoll an einer Bucht gelegen ist das nahe Toulon, als wichtigster Stützpunkt der französischen Marine ist es ähnlich wie Marseille von reger Betriebsamkeit erfüllt.

Östlich der Stadt erhebt sich das Massif des Maures, das seinen Namen erhielt, als sich hier die im 8. Jahrhundert n. Chr. einfallenden Mauren festsetzen konnten. Südlich davon liegt an der Küste Saint-Tropez, von der hier bevorzugt verkehrenden Hautevolee kurz und schick »Trop« genannt, mit dem Richtung Osten die Côte d'Azur beginnt. Städte mit klangvollen Namen reihen sich nun aneinander: Cannes, berühmt für seine Filmfestspiele, das von Villen umgebene Antibes, Monte Carlo mit seinen Millionen umsetzenden Spielsalons oder das mondäne Nizza – der laute, turbulente Gegenpol zur sonst so ländlich-träumerischen Provence.

IE CÔTE D'AZUR

Unten, links:
Einer der prächtigsten der vielen Adelspalais in Aix-en-Provence ist der Pavillon Vendôme, ein 1664 bis 1667 für den Herzog von Vendôme errichtetes Landhaus. Die Fassade ist mit Pilastern gegliedert, zwei Atlanten tragen den kleinen Balkon (links). Der das Schlösschen umgebende Park ist in der geometrischen Anlage und mit seinen kunstvoll zurechtgestutzten Buchsbäumen ein typisches Beispiel französischer Gartenkunst der Barockzeit.

Rechts:
Zahlreiche Brunnen lockern das Stadtbild von Aix auf, rechts ein Detail der Fontaine des Quatre Dauphins, ganz rechts Skulpturen des Brunnens auf der Place du Général-de-Gaulle.

Oben:
Der Kreuzgang der Kathedrale Saint-Sauveur in der Altstadt von Aix stammt aus dem 12. Jahrhundert. Eine ununterbrochene Folge zierlicher Doppelsäulen bildet die lichte Begrenzung zum Innenhof, links eine Darstellung des heiligen Petrus mit Schlüssel und Buch.

Fester Bestandteil eines Weihnachtsfests in der Provence sind die Santons, einst reine Krippenfiguren einer jahrhundertealten Tradition, zu denen sich bald typisch provenzalische Charaktere hinzugesellten. Früher aus Holz geschnitzt, werden sie heute meist, wie hier in einer Werkstatt in Aubagne, aus feinem Ton gegossen und von Hand bemalt. Schon früh entdeckten Sammler diese Volkskunst für ihr Metier, 1803 wurde in Marseille die erste Santon-Messe abgehalten. Die Touristen dieses Jahrhunderts haben in den mal liebevoll, mal ironisch geschilderten Persönlichkeiten das ideale Souvenir gefunden und einen ganzen Wirtschaftszweig begründet.

__Seite 100/101:__
Den Eingang des Marseiller Alten Hafens, der Keimzelle des antiken Massalia, flankieren zwei mächtige Zitadellen, im Norden die Festung Saint-Jean aus dem 15. Jahrhundert (links), im Süden das Fort Saint-Nicolas, das Ludwig der XIV. im 17. Jahrhundert zur machtvollen Demonstration der königlichen Zentralgewalt vor der Stadt mit ihren ständigen Autonomiebestrebungen errichten ließ.

»Marseille ist das Tor zur Welt, Marseille ist die Schwelle der Völker. Marseille ist Orient und Okzident.« Nirgendwo wird dieser Ausspruch Joseph Roths so deutlich wie in den verwinkelten Gassen der Marseiller Altstadt zwischen Altem Hafen und Bahnhof, wo ein vielfältiges Durcheinander der Völker und Kulturen herrscht. Mal fühlt man sich auf einen arabischen Suq versetzt, dann erinnert ein Straßenzug an eine süditalienische Kleinstadt, ein andermal verwirren fernöstliche Gerüche und Bilder die Sinne. Marseille, die Stadt mit dem größten Hafen Frankreichs, ist nicht nur Drehscheibe des Handels mit Waren aus aller Herren Länder, es ist auch ein Schmelztiegel der Nationalitäten und Lebensweisen: Von den 1,2 Millionen Einwohnern stammt mehr als ein Drittel aus dem Ausland.

Oben:
Im Norden des Alten Hafens erhebt sich der gewaltige Bau der Cathédrale de la Major, zu der Napoleon 1852 den Grundstein legte. Sie wurde in romanisch-byzantinischem Mischstil aus wechselnden Lagen weißen und grünen Kalksteins errichtet und hat eine Länge von 141 Metern – sie ist der größte Kirchenbau des 19. Jahrhunderts. Die imposanten Dimensionen dieses Bauwerks fanden jedoch nicht nur Zustimmung: Walter Benjamin nannte die Kathedrale verächtlich einen »Religionsbahnhof«.

FRÜCHTE DES

Eine Fahrt in die Provence ist immer auch eine Reise zu den Produkten des Landes. Fasziniert ist jeder Besucher von der wunderbaren Vielfalt der Farben und Gerüche auf den Märkten der Provence. Vor allem im Frühjahr und Sommer gibt es ein überreiches Angebot an Obst und Gemüse. Besonders reizvoll sind die »Marchés paysans«, die Erzeugermärkte, auf denen überwiegend nur Direktverkäufer zugelassen sind. Dadurch ist garantiert, dass nur Eigenprodukte angeboten werden, die von den Erzeugern immer frisch auf den Markt gebracht werden. Solche Märkte findet man unter anderem in Orange, L'Isle-sur-la-Sorge, Cavaillon, Carpentras, Apt, Aix, Marseille, Antibes und Nizza. Die Saison für diese Landmärkte ist meist auf die Zeit von Mai bis Oktober beschränkt. Im Winter findet man auf den Märkten eine weitere Spezialität der Provence, das frisch gepresste Olivenöl. Und in einigen Orten werden im Winter die weltberühmten Trüffelmärkte abgehalten. Das ganze Jahr über findet man in Marseille am Hafen einen kleinen Fischmarkt.

Drachenkopf, Knurrhahn, Seeteufel, Wolfsfisch, Rotbrasse, Muräne und Meerjunker, all diese so genannten Felsenfische werden dort jeden Morgen frisch angeboten. Sie bilden die Grundlage für eine Delikatesse, die echte Bouillabaisse. Früher war diese Fischsuppe das Essen armer Leute, ein Eintopf mit den Resten des Fangs. Heute bereiten auch einige Spitzenköche von Marseille, wie Suzanne Quaglia, diese Fischsuppe zu.

Links:
Der Höhepunkt eines Bouillabaisse-Mahls: Nachdem man sich die Fischbrühe hat munden lassen, wird die reich bestückte Fischplatte aufgetragen.

Oben:
Eine wichtige Zutat fast aller provenzalischen Gerichte, auch der Bouillabaisse, ist das Olivenöl aus regionaler Produktion.

Rechts:
Die lebendige und frische Alternative zu sterilen Supermärkten: Einer der unzähligen kleinen und großen Märkte Marseilles.

Ganz rechts:
Die Fische einer Bouillabaisse, hier mit Olivenöl und Kräutern der Provence angerichtet – bon appétit!

MEERES

BOUILLABAISSE (10 Personen)

- 3 kg Fisch, nur Mittelmeerfisch und mindestens 6 verschiedene Arten (Drachenkopf, Knurrhahn, Seeteufel, Rotbrasse, Wittling, Meeraal, Tintenfisch, Petermännchen)
- 2 große Bärenkrebse
- 2 Stangen Lauch
- 2 große Zwiebeln
- 100 ml Olivenöl
- 5 Tomaten
- 4 Knoblauchzehen (zerdrückt)
- 1 Lorbeerblatt
- 3 Zweige Fenchel
- 1 Zweig Thymian
- 1 EL gehackte Petersilie
- 1 Streifen unbehandelte Orangenschale
- 1 g Safranfäden
- Salz, schwarzer Pfeffer
- südfranzösisches Bauernbrot

Krebse und Fische vorbereiten und die größeren Fische in nicht zu kleine Stücke schneiden. Lauch und Zwiebeln in kleine Stücke schneiden und mit 50 ml Olivenöl andünsten, nicht braun werden lassen. Die gehäuteten und gewürfelten Tomaten mit den Kräutern und Gewürzen zur Lauch-Zwiebel-Mischung geben und 10 Minuten dünsten.

Zunächst die Krebse, dann die Fische mit dem festeren Fleisch zum Gemüse geben, würzen und mit dem restlichen Olivenöl übergießen. Kochendes Wasser aufgießen bis die Fische bedeckt sind, und 5 - 10 Minuten brodelnd kochen.

Als Variante können die festkochenden Fische zuvor mit viel Knoblauch und provenzalischen Kräutern in Olivenöl mariniert werden (4 - 5 Stunden). Dann die restlichen Fische zugeben und nicht länger als 10 Minuten lebhaft kochen. Fische und Krebse auf einer Platte anrichten. In die Teller ein Scheibe Landbrot legen und mit der Suppe übergießen.

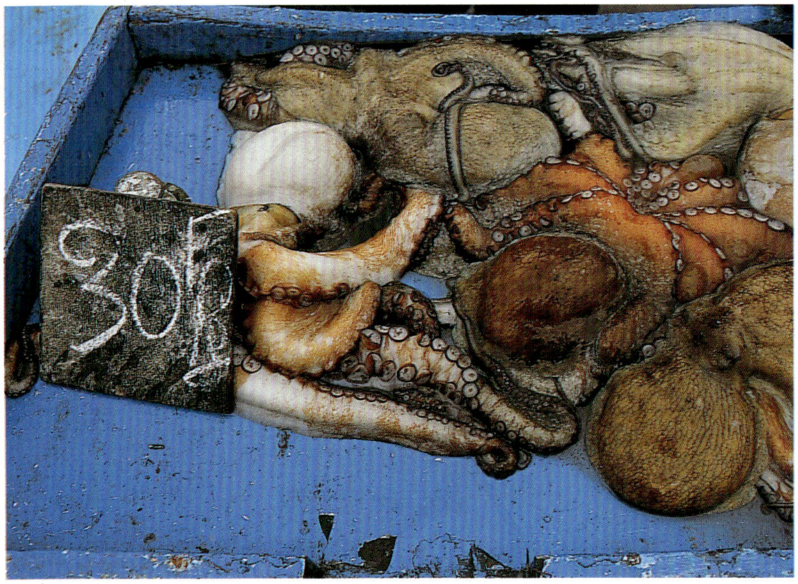

Links:
Frischer geht's nicht: Auf dem Fischmarkt am Marseiller Alten Hafen wird die Beute der nächtlichen Fangfahrt morgens direkt aus den Schiffen zum Verkauf angeboten.

Unten:
Die Zutaten einer Bouillabaisse, in der Mitte ein kapitaler Drachenkopf, harren ihres Schicksals.

Rechts:
Auf dem Marseiller Fischmarkt kann noch kräftig gefeilscht werden. Leicht hat es der Kunde freilich nicht: Die Fischer sind von der Qualität ihrer Ware fest überzeugt.

Seite 108/109:
Gut zwanzig Kilometer östlich von Marseille bietet sich vom 328 Meter hohen Cap Canaille, den höchsten Klippen Frankreichs, ein herrlicher Blick auf die Bucht von Cassis.

Links:
In der Umgebung von Cannes, dem mondänen Badeort im Herzen der Côte d'Azur, haben sich in den Hängen der Küste regelrechte Villensiedlungen gebildet (ganz oben). Aber auch im Hinterland der Küste hat, wie in der Nähe von Le Castellet (oben), so mancher Gutbetuchte die reizvolle, in weiten Teilen unberührte Landschaft als ruhigen Gegenpol zur turbulenten Küste entdeckt.

Rechts:
Einige Kilometer nördlich von Nizza liegt der Ort Vence mit seiner pittoresk verwinkelten Altstadt. Im frühen Mittelalter erlebte er als Bischofssitz seine Blütezeit, der die Sarazenen jedoch im 8. Jahrhundert ein nachhaltiges Ende setzten.

Rechts:
Ein hinreißendes Ensemble bilden die auf einer Bergkuppe zusammengedrängten Häuser Peillons im Hinterland von Nizza. Gekrönt wird der Ort von der Eglise de la Transfiguration aus dem 18. Jahrhundert.

Seite 112/113:
Blick auf das nächtliche Monaco vom Felsen der Tête de Chien. Seit 1297 unabhängiges Fürstentum, ist der Stadtstaat als Spieler- und Steuerparadies heute einer der bevorzugten Wohnorte der Hautevolee.

Oben:

Der Alte Hafen von Saint-Tropez (ganz oben) und der Neue Hafen mit dem Turm der einstigen Chapelle de l'Annonciade (oben), in der heute ein Museum gleichen Namens untergebracht ist. Der Ort führte lange Zeit ein ruhiges Dasein als Fischerdorf, bevor er Anfang des Jahrhunderts von Künstlern wie Signac, Matisse und Bonnard entdeckt wurde. In den sechziger Jahren schließlich haben die Reichen und Schönen in »Trop« eine geeignete Kulisse für ihre Selbstdarstellungen gefunden.

Unten:
Am Hafen von Cassis. Das 8000-Seelen-Fischerstädtchen, an einer malerischen Bucht gelegen, ist ein beliebtes Ausflugsziel für die Bewohner des nahen Marseille. Hat es sich doch, allen Besucherströmen zum Trotz, seinen kleinstädtisch-ruhigen Charme bewahrt.

DIE WELT DER

Links unten, rechts:
In einer Parfümfabrik in Grasse, dem »Rom der Düfte« (Patrick Süskind).

Unten:
Eine Methode, Blüten ihren Duft zu entziehen, ist die Enfleurage. Die Blütenblätter werden einige Tage auf Fett gelegt, welches die Duftstoffe in sich aufnimmt und speichert.

Die Geschichte des Parfüms beginnt vor über 5000 Jahren bei den Sumerern, Babyloniern und Assyrern im Zweistromland zwischen Euphrat und Tigris. Um den bestialischen Gestank von brennenden Tieropfern zu übertünchen, suchten die Menschen aromatische Substanzen, mit denen sie die Kadaver füllten. Durch den Rauch – lateinisch »per fumum« – hofften die Priester, göttliches Wohlgefallen zu erlangen. Arabische Forscher leisteten wesentliche Beiträge zur Entwicklung der chemischen und phar-

makologischen Kenntnisse und Techniken. Im 13. Jahrhundert schließlich hatten sie eine Methode entwickelt, um hochprozentigen Alkohol herzustellen. Damit revolutionierten sie die Parfümerie, es wurden nicht mehr nur duftende Salben und Pomaden, sondern

DÜFTE

erstmals Parfüm hergestellt, wie wir es heute kennen: ein Gemisch von Duftstoffen, gelöst in Alkohol.

Grasse ist heute das Zentrum der europäischen Parfümindustrie und das außergewöhnlich milde Klima am Fuße der Seealpen begünstigt den Anbau von vielen verschiedenen exotischen Blumen und Pflanzen. Alle Blüten werden sofort von der Parfümindustrie vor Ort verarbeitet. Keine der Pflanzen darf reisen, weil jeder Duft verloren ginge, erst die Parfümrohstoffe, die Essenzen, Concrètes und Absolues, können durch die Welt transportiert werden.

Die wichtigste Parfümrose ist die Centifolia. In mühevoller Handarbeit werden die Blütenblätter abgezupft. Die Rosenblätter werden frühmorgens in der Parfümfabrik abgeliefert und mit einem flüchtigen organischen Lösemittel extrahiert. Hier sieht es zwar aus wie in jeder anderen Chemiefabrik, aber in den Produktionsräumen duftet es herrlich nach Jasmin, Veilchen oder Rosen. Aus einer Tonne Rosenblätter erhält man schließlich etwa drei Kilogramm Pflanzenwachs mit dem Duftstoff, das »Concrète«. Mit Hilfe von Alkohol kann man dann in mehreren Schritten den reinen Duftstoff gewinnen, das »Absolue«. In einem 5-Liter-Glaskolben ist das »Absolue« aus fünf Tonnen Rosenblättern im Wert von über 200 000 DM enthalten, das ist zehnmal wertvoller als Gold!

Als Folge der Industrialisierung und der wachsenden Konkurrenz entschied man Ende des 19. Jahrhunderts, in Grasse vor allem die Rohstoffe anzubieten und nicht die fertigen Parfüms. Alles, was in der Natur vorkommt und riecht, wird heute verarbeitet: Tierorgane, Wurzeln, Rinde, Blätter, Blüten und Früchte. So erhält man etwa 500 natürliche Aromen. Die hauptsächlich angewandten Methoden, um solche Duftstoffe zu gewinnen, sind Extraktion, Mazeration und Enfleurage. Schon die Ägypter kannten die Enfleurage - Blütenblätter werden für einige Tage auf Fett gelegt, welches die Duftstoffe aufnimmt. Diese sehr arbeitsintensive Methode wird nur noch selten benützt. Die Extraktion ist heute die gängigste Methode.

Die Erfinder neuer Parfüms sind hoch qualifizierte Spezialisten, etwa 200 gibt es davon auf der Welt, 30 dieser »Nasen« arbeiten in Grasse. Zu Beginn der zwanziger Jahre kreierte Ernest Beaux für Coco Chanel das Parfüm schlechthin, »Chanel No. 5«, Edmond Roudnitska mischte Mitte der sechziger Jahre »Eau Sauvage« für Christian Dior. »Les grands nez«, die großen Nasen, werden schon mit einer sehr großen Sensibilität und Empfänglichkeit für Gerüche geboren, in jahrelanger Schulung entwickelt solch ein Riechtalent sein Duftgedächtnis, das aus einzelnen Geruchsnoten, den Basisakkorden, und ihren Kombinationen besteht. Der Parfümeur verbringt wenige Stunden an seinem eigentlichen Arbeitsplatz, der »Parfümorgel«. Auf einem kreisrunden Holzpult sind mehr als 500 Duftfläschchen aufgereiht, Hunderte von Duft-Komponenten werden gemischt, jeder Schritt peinlich genau dosiert, protokolliert und strengstens geprüft, die Mixturen immer wieder probegerochen. Es braucht jahrelange Arbeit, um ein neues Parfüm zu komponieren. Selbst der wohl berühmtesten »Nase« der Welt, Jean-Baptiste Grenouille, ging es so, bis er einen Duft gefunden hatte, »in welchem alles enthalten war, was einen großen Duft, was ein Parfüm ausmachte: Zartheit, Kraft, Dauer, Vielfalt und erschreckende, unwiderstehliche Schönheit.«

Einer der vielen phantasievollen Flakons, die im Parfümeriemuseum von Grasse ausgestellt werden.

Links:
Im Hinterland der Côte d'Azur können abseits der Touristenströme zahlreiche idyllische Bergdörfer entdeckt werden. Sospel etwa, mit seiner vor dem Hintergrund der Seealpen die Bévéra überspannenden mittelalterlichen Brücke (oben), oder das verschlafene Dörfchen Gréolières (Mitte). Nahe der Grenze zu Italien kleben die Häuser Saorges hoch über dem Tal der Roya an einem steil abfallenden Felshang (unten).

Unten:
Die zerklüfteten Porphyrfelsen des Massif de l'Estérel erstrecken sich unmittelbar hinter der Küste zwischen Saint-Raphaël und Cannes. Die ohnehin karge Gegend wird immer wieder von verheerenden Waldbränden heimgesucht.

Rechts:
Saint-Paul-de-Vence, ein Bilderbuchdorf nicht weit von Nizza gelegen, birgt in seinen malerischen Altstadtgassen so manchen lauschigen Winkel.

MENTON: VON DER SONNE VE

Rechts:
Eine halbe Million Zuschauer reisen jedes Jahr im Februar zum Zitronenfest nach Menton: Festwagen mit aufwendigen Fruchtgebilden ziehen durch die Stadt, auf einigen Plätzen werden Figurengruppen aufgebaut. Alljährlich steht das 1930 begründete Fest unter einem anderen Motto, dieses Mal war es »Asterix und die Römer«.

Im Osten der Côte d'Azur, direkt an der Grenze zu Italien, liegt der Kurort Menton. Sein durch die schützenden Ausläufer der Seealpen bedingtes mildes Klima, das reichlich Südfrüchte gedeihen lässt, schätzten bereits Persönlichkeiten wie Nietzsche, Maupassant und Flaubert; Franz Liszt fühlte sich »an keinem anderen Ort so vollkommen glücklich«. Im Gegensatz zum Highlife der westlichen Küste wird hier mehr kultivierte Beschaulichkeit gepflegt, ein internationales Festival für Kammermusik lockt alljährlich zahlreiche Gäste in die Stadt, ebenso wie das renommierte Museum Jean Cocteau oder die exotischen Gärten der Umgebung.

RWÖHNT

REGISTER

Privas
Aubenas
Montélimar
Viviers
Valaurie
Valréas
Bourg-St.-Andéol
Rhône
Barjac
Bolléne
Tulette
Pont-St.-Esprit
Orange
Châteuneuf-du-Pape
Courthézon
Uzès
Tavel
Villeneuve-lès-Avignon
Avignon
Remoulins
Pont du Gard
l'Isle-sur-la-Sorgue
Châteurenard
Nîmes
Beaucaire
Tarascon
Orgon
St.-Rémy-de-Provence
Glanum
Bellegarde
Les-Baux-de-Provence
Chaîne des Alpilles
Sénas
Montmajour
St. Gilles
Arles
BOUCHES-DU-RHÔNE
Etang de Vaccarès
Istres
Camargue
Port de Fos
Les Stes.-Maries-de-la-Mer
Salin-de-Giraud
Pointe du Sablon
N

FRANKREICH
ITALIEN
Gap
Chorges
Meyronnes
Cúneo
Durance
Serres
Barce-
lonnette
Selonnet
Vinàdio
Verclause
ALPES-DE-HAUTE-PROVENCE
Laragne-
Montéglin
Colmars
St.-Martin-
d'Entraunes
Sisteron
Tende
St.-Martin-
Vésubie
Beuil
Montagne de Lure
Château-
Arnoux
Digne
Guillaumes
St. Dalmas-
de-Tende
La Brigue
ALPES MARITIME
Sault-de-
Vaucluse
Bollène-
Vésubie
Saorge
Mormoiron
Banon
St.-Étienne
Les Mées
Puget-
Théniers
Ganagobie
Mézel
Les Scaffarels
Breil-sur-Roya
Monts de Vaucluse
Simiane-
la-Rotonde
Barrême
Entrevaux
Forcalquier
Sospel
Senez
Roquésteron
Sénanque
Oraison
Gilette
L'Escarène
VAUCLUSE
Moustiers-
Ste.-Marie
Castellane
Roussillon
Volx
Les Buissonnades
Gréolières
St.-Martin-
du-Var
Peillon
Menton
Ventimiglia
Apt
Monte Carlo
Riez
Valensole
Manosque
Vésubie
Èze
MONACO
Bonnieux
La-Palud-
sur-Verdon
Vence
Nizza
St.-Vallier-
de-Thiey
Beaulieu
Allemagne-
en-Provence
Montagne du Lubéron
Le Bar
Cros-de-
Cagnes
St.-Paul
Villefranche
Lourmarin
Grand Canyon
du Verdon
Comps-sur-
Artuby
Cap Ferrat
La Tour-d'Aigues
Gréoux-
les-Bains
Silvacane
Cadenet
Grasse
Villelaure
Mirabeau
Biot
Verdon
Pertuis
Fayence
Vallauris
Pont Royal
St.-Paul-lès-
Durance
Mougins
Antibes
La Verdière
Aups
Montferrat
Juan-les-Pins
Lambesc
Cannes
Golfe-
Juan
Rians
Tavernes
Cap d'Antibes
Lignane
Montagne Ste.-Victoire
VAR
Draguignan
Théoule-
sur-Mer
Vauvenargues
Barjols
La Croix de
Provence
Miramar
Bompart
Aix-en-
Provence
Cotignac
Lorgues
Estérel
Le Muy
Carcés
Fréjus
Agay
Berre
l'Étang
St.-Maximin-
la-Ste.-Baume
Anthéor
Thoronet
St.-Raphaël
Gardanne
Trets
St.-Aygulf
Chaîne de l'Étoile
Le Luc
Marignane
Rougiers
Brignoles
Massif des Maures
Nans-les-Pins
Ste.-Maxime
La Garde-
Freinet
Port Grimaud
La Roquebrussanne
Grimaud
St.-Tropez
Massif de la Ste.-Baume
Chartreuse-
de-la-Verne
Marseille
Aubagne
Cuers
La Croix-
Valmer
Ramatuelle
Cap Camarat
Château d'If
Cassis
St.-Cyr-
sur-Mer
Le Beausset
Solliès-Pont
Cavalière
La Ciotat
Le Lavandou
Bandol
Toulon
Hyères
Sanary-sur-Mer
Six-Fours-les-Plages
St.-Mandrier-
sur-Mer
La Tour-
Fondue
Cap Sicié
Îles d'Hyères
Côte d'Azur
e l m e e r

Impressum

Bildnachweis
Alle Bilder von Martin Schulte-Kellinghaus und Erich Spiegelhalter mit Ausnahme von: S. 42/43 (5 Abb.), Archiv für Kunst und Geschichte, Berlin.

Buchgestaltung
Matthias Kneusslin, hoyerdesign, Freiburg

Karte
Fischer Kartografie, Fürstenfeldbruck

Die Deutsche Bibliothek - CIP-Einheitsaufnahme

Reise durch die Provence / Martin Schulte-Kellinghaus u. Markus Wennerhold (Autoren). Martin Schulte-Kellinghaus u. Erich Spiegelhalter (Fotogr.) - Würzburg : Stürtz, 1998
ISBN 3-8003-0890-8

Printed in Germany

ISBN 3-8003-0890-8

Stürtz Verlag Würzburg